ante todo, el AMOR

Sugerencias para la educación de los hijos

Tomás Melendo
y Ernesto Parga

LIBROS LIGUORI™
One Liguori Drive ▼ Liguori, MO 63057-9999

Imprimi Potest:
Harry Grile, CSsR, Provincial
Provincia de Denver, los Redentoristas

Publicado por Libros Liguori
Liguori, Missouri 63057

Pedidos al 800-325-9521 o visite www.liguori.org

Library of Congress Cataloging-in-Publication Data

Melendo, Tomás.
Ante todo, el amor : aplicaciones a la educación de los hijos / Tomás Melendo, Ernesto Parga. — First edition
pages cm
Includes bibliographical references and index.
ISBN 978-0-7648-2404-3 (alk. paper)
1. Love—Religious aspects—Christianity. I. Parga, Ernesto. II. Title.
BV4639.M416 2013
241'.4—dc23
2013008268

p ISBN: 978-0-7648-2404-3
e ISBN: 978-0-7648-6870-2

Libros Liguori, una organización sin fines de lucro, es un apostolado de los Padres y Hermanos Redentoristas. Para más información, visite Redemptorists.com.

Impreso en los Estados Unidos de América
17 16 15 14 13 / 5 4 3 2 1
Primera edición

ÍNDICE

PLANTEAMIENTO

Padre y madre son, por naturaleza, los primeros e irrenunciables educadores de sus hijos, aunque en los momentos actuales a veces dé la impresión de que pretenden ignorarlo, con más o menos consciencia.

Esta especie de resistencia resulta más que comprensible. Y es que la misión paterno-materna de educar no es nada fácil. Está llena de contrastes en apariencia irreconciliables y hoy, si cabe, más agudizados. A lo largo de toda su existencia, los padres:

- Han de acoger a cada hijo —único e irrepetible, en virtud de su condición personal— tal como es, aun cuando en ocasiones no responda a sus expectativas… o incluso "les caiga mal".

- Han de saber comprender, pero también exigir, sin ceder inoportunamente.

- Han de respetar la libertad de los chicos y hacerla crecer, superando todo afán de posesión y sobreprotección; pero a la vez guiarles y corregirles.

- Han de ayudarles en sus tareas, pero sin sustituirlos ni evitarles el esfuerzo formativo y la satisfacción que el realizarlas lleva consigo, y que robustece su autoconocimiento y su autoestima… ¡y su capacidad de desenvolverse en la vida, sin depender siempre de sus mayores!

De ahí que los padres tengan que aprender por sí mismos a serlo … y desde muy pronto.

En ningún oficio la capacitación profesional comienza cuando el aspirante alcanza puestos de relieve y tiene entre sus manos encargos muy comprometidos o de alto riesgo: no ocurre así ni en la albañilería, la mecánica, las artes gráficas o el diseño; tampoco en medicina, en la arquitectura, en la ingeniería, en la informática, en el derecho, en la carrera militar, la política, la administración o en el seno de una empresa…

¿Por qué en el "oficio de padres" debería ser de otra forma? ¿Tal vez porque su responsabilidad es menor que la de quienes trabajan en una profesión convencional? Da la impresión de que no, sino más bien al contrario: en fin de cuentas, educar es poner los medios para que una persona llegue a ser feliz y ¿existe algo de más trascendencia que "eso"?

¿Acaso, entonces, porque se trata más de un arte que de una ciencia? Aunque se pudiera estar de acuerdo en este último punto, en ningún arte bastan la inspiración y la intuición; es preciso también instruirse, formarse, ejercitarse, corregir los errores… como confirman justamente los artistas que en apariencia trabajan apenas sin esfuerzo: cuanto más natural parece la obra maestra, más trabajo ha llevado consigo, aunque en muchas ocasiones se trata de un trabajo previo y sedimentado a modo de habilidades.

Por otro lado, aprender el "oficio" de padre y educador no consiste en proveerse de un conjunto de recetas o soluciones ya dadas e inmediatamente aplicables a los problemas que van surgiendo. Ni tampoco de un racimo de técnicas infalibles.

Tales recetas y tales técnicas no existen. Hay, por el contrario, *principios o fundamentos* de la educación, que iluminan las distintas situaciones: los padres deben conocerlos muy a fondo, hasta hacerlos pensamiento de su pensamiento y vida de su vida, para con ellos —y casi sin necesidad de pensarlo— afrontar la práctica educativa diaria.

Y no se trata, tampoco, de una tarea sencilla: supone mucha atención a los hijos, mucha reflexión y diálogo de los padres entre sí… y mucho sacrificio para saber prescindir del propio bienestar —incluso del necesario y no caprichoso— en pro del bien de los hijos.

El tú de la persona amada debe prevalecer siempre sobre el propio yo: ¡he aquí la regla de oro de toda labor educativa, de la vida entera… y de la auténtica felicidad!

Teniendo esto claro, y sin demasiadas pretensiones, ofreceré un resumen, el más accesible y concreto que se me ocurre, de los principales criterios y sugerencias sobre «el arte de las artes», como ha sido llamada la educación.

Pero antes, precisamente para que puedas aprovechar mejor lo que te propongo, me gustaría que contestaras, mentalmente o por escrito, como te parezca más conveniente, a las preguntas o sugerencias que ahora planteo.

AYUDA PARA LA REFLEXIÓN PERSONAL

Para ir calentando motores, piensa en lo que significa amar *verdaderamente* a los hijos.

- ¿Te habías hecho antes, a fondo, esta pregunta?, ¿habías intentado responderla con calma, tomándote todo el tiempo necesario? Procura ser sincero contigo mismo. En cualquier caso, ¿consideras que reflexionar sobre este punto es importante o que resulta más bien anecdótico o incluso una pérdida de tiempo?

- Todos los padres deseamos que nuestros hijos sean felices, aunque no siempre estemos *realmente* dispuestos a poner los medios necesarios para apoyarles en esa aventura. ¿Te has preguntado qué te toca hacer a ti para ayudarles a alcanzar la felicidad? O, concretando un poco más, ¿qué es lo que debes trasmitirles, con tu ejemplo y con tus palabras, para lograr ese nobilísimo objetivo?

- Se dice a menudo que, hoy en día, uno de los mayores problemas para educar a los hijos es la crisis generalizada en la comprensión de la autoridad y en el modo de vivirla o llevarla a la práctica. ¿Estás de acuerdo con esta afirmación?, ¿consideras que es algo que influye en tu relación con tus hijos?, ¿cómo le pondrías remedio?

- En tu opinión, ¿hoy es más frecuente "pecar" de permisivismo o de autoritarismo? ¿Sabes con claridad lo que significan estas dos palabras? ¿Podrías dar ejemplos de cada una de esas actitudes extremas?

- Amar es en buena medida enseñar a amar. ¿Entiendes o, al menos, intuyes lo que significan estas palabras? Independientemente de lo que hayas respondido, ¿podrías explicarte a ti mismo esta idea? Dedica el tiempo que estimes oportuno a pensar en ella: así te será más fácil comprender la solución, cuando la encuentres en este escrito.

- En relación con la educación de los hijos, ¿cuál sería el sentido de la expresión "los frutos se alimentan de lo que los árboles tienen de raíz"?

Tras este esfuerzo inicial, estoy seguro de que aprovecharás mucho mejor lo que te dispones a leer.

I. EN LA CONFLUENCIA DE TRES AMORES

Planteando el asunto del modo más hondo y radical posible, las claves de la educación, y de todas las tareas que lleva consigo, se encierran en un solo término: amar (amar ¡bien!)... y en las dos conclusiones que de ello se siguen:

1. ¡Aprender a amar!, sin nunca, nunca, en contra de lo que a menudo sucede, dar por supuesto que uno ya sabe hacerlo.

2. Y sin imaginar tampoco que va a lograrlo como por arte de magia, sin poner de su parte cuanto fuera necesario para querer cada vez mejor.

1. Amor a los hijos

> La primera cosa que los padres necesitan para educar es un verdadero y cabal amor a sus hijos: es decir, querer efectiva y eficazmente su bien, el de «cada uno de todos» esos hijos.

Según escribe G. Courtois en *El arte de educar a los muchachos de hoy*, la educación requiere, además de «un poco de ciencia y de experiencia, mucho sentido común y, sobre todo, mucho amor». Con otras palabras, es preciso dominar algunos principios pedagógicos y obrar con sensatez, pero sin suponer que baste aplicar una bonita teoría para obtener seguros resultados. Todo ello sería insuficiente sin el elemento indispensable de un amor auténtico y cabal.

> [Cosa que se aplica tanto a los padres como a los educadores de profesión: maestros y profesores. Así lo muestran las siguientes palabras de Francisco Gómez Antón, Catedrático con muchos años de experiencia universitaria. Cuando le preguntaron por el *secreto* de su triunfo en las aulas, contestó: «Para dar una buena clase hay que hacer muchas cosas. La primera de ellas, querer mucho a los alumnos»]

¿Por qué esa necesidad de amor? Entre otros muchos motivos, porque «cada niño —justo por su condición de *persona*, como ya advertí— es una realidad absolutamente irrepetible», distinta de todas los demás. No se trata de *un caso* más entre muchos. De ahí que ningún manual sea capaz de explicarnos ese presunto «caso» concreto. Hay que aprender, pues, a modular los principios en función del temperamento, la edad y las circunstancias en que se encuentren los chicos, teniendo en cuenta que lo que en este preciso instante puede ser oportuno e incluso imprescindible para uno de ellos, en otro momento y en otra situación ha de ser evitado a toda costa... incluso para ese mismo hijo.

> ***Pero solo el amor permite conocer a cada uno de nuestros hijos tal como es hoy y ahora, y actuar en función de ese conocimiento: aun concediendo la parte de verdad que encierra el dicho de que «el amor es ciego», resulta mucho más profundo y real sostener que es agudo y perspicaz, clarividente; y que, tratándose de personas, solo un amor auténtico nos capacita para conocerlas con hondura y para tratarlas en consecuencia.***

De hecho, será el amor el que enseñe a los padres a poner en práctica una de las claves más importantes de toda la educación. Lo que suele llamarse «educar en positivo», cuyo principio fundamental consiste en descubrir —y, si es necesario, poner por escrito con sus nombres *propios* o con la adecuada descripción, para que queden bien claras y para repasarlas cuantas veces fuere conveniente— las *cualidades* que deben potenciar en sus hijos, en lugar de fijarse e insistir monótona, reiterativa y exclusivamente en la corrección de sus defectos.

De igual modo, el amor les llevará a advertir el momento más adecuado para «estar» —de forma más o menos activa, o simplemente «estar»— y para «desaparecer», para hablar y para callar; el tiempo para jugar con los niños e interesarse por sus problemas sin someterlos a un interrogatorio y el de respetar su necesidad de estar a solas con su propia intimidad; las ocasiones en que conviene «soltar un poco de cuerda» y «no darse por enterados», frente a aquellas otras en las que procede intervenir con decisión e incluso con resuelta viveza y una pizca de agresividad fingida…

Y, según apuntaba, en todo este difícil arte los padres resultan irreemplazables.

Lo muestra con gracia la siguiente anécdota. Un matrimonio muy agobiado por su trabajo profesional buscaba en una tienda de juguetes un regalo para su niño: pedían algo que lo divirtiera, lo mantuviese tranquilo y, sobre todo, le quitara la sensación de estar solo. Una dependiente inteligente les explicó: «lo siento, pero no vendemos padres».

2. Amor mutuo

> La primera cosa que el hijo necesita para ser educado es que sus padres se quieran entre sí.

«Hacemos que no le falte nada, estamos pendientes hasta de sus menores caprichos, y sin embargo…». Expresiones como esta las oímos a menudo, proferidas por tantos padres que se vuelcan *aparentemente* sobre sus hijos —alimentos sanos, reconstituyentes y vitaminas, juegos más y más sofisticados, vestidos y demás prendas de marca, vacaciones junto al mar o en la nieve, diversiones sin límite ni de tiempo ni de precio, resolución de problemas o de gestiones que deberían realizar los hijos, trasportes en coche cuando lo mejor es que tomaran el autobús, etc.—, pero se olvidan de la cosa más importante que precisan los hijos: que los propios padres se amen y estén unidos entre sí.

El cariño mutuo de los padres es el que ha hecho que los hijos vengan al mundo. Y el mismo amor recíproco debe completar la tarea comenzada, ayudando al niño a alcanzar la plenitud y la felicidad a que se encuentra llamado.

> ***El complemento natural de la procreación, la educación, ha de estar movido por las mismas causas que engendraron al hijo: el amor de los padres.***

Hace ya bastantes siglos que se dijo que, al salir del útero materno, donde el líquido amniótico lo protegía y alimentaba, el niño reclama imperiosamente otro "útero" y otro "líquido", sin los que no podría crecer y desarrollarse; a saber, los que originan el padre y la madre al quererse de veras.

Por eso, como fruto natural de su amor mutuo, cada uno de los esposos debe:

1. Mostrar con delicadeza, también para que los hijos lo adviertan, el cariño hacia su marido o su mujer; pues probablemente nada resulte más gratificante y educativo para un hijo que advertir cómo se quieren sus padres.

2. Y, además, y como consecuencia: engrandecer la imagen del otro ante los hijos y evitar cuanto pueda hacer disminuir el cariño de estos hacia su cónyuge.

Desde que los niños son muy pequeños, los padres han de manifestar prudente pero claramente el afecto que los une, con gestos y palabras: «nunca agradeceré lo bastante a mis padres el que se besaran con cariño delante de mí», me comentaba el otro día una chica de unos 25 años.

Pero, además, han de prestar mucha atención a no hacerse reproches mutuos ni comentarios irónicos delante de ellos; a evitar de plano ciertas aberrantes recomendaciones al niño, que le llevaría a desconfiar del otro cónyuge: «esto no se lo digas a papá o a mamá»; a no permitir uno lo que el otro prohíbe (por eso, siempre, ante una consulta del hijo o de la hija, debería "salirnos sola", antes que cualquier otra, la siguiente pregunta: «¿qué te ha dicho papá o mamá?»; aunque luego, si el papá y la mamá opinan de manera distinta, deban hablar a solas para ponerse de acuerdo), etc.

3. Enseñar a querer

Como acabamos de ver, el principio radical de la educación es que los padres se quieran entre sí y, como consecuencia de ese amor, que quieran de veras a sus hijos; *el fin o meta de esa educación es que los hijos, a su vez, vayan aprendiendo a querer, a amar...* pues esa es la actividad más propia y que más perfecciona a cualquier persona y, como consecuencia, la que lo hará feliz.

> ***Curiosamente y en resumen, educar es amar, y amar es enseñar a amar, pues no es otro el destino del ser humano ni la clave de su felicidad.***
>
> ***Por consiguiente, educar equivale a enseñar a amar.***

Según afirma Philippe, «en el plano psicológico y espiritual la necesidad más profunda del hombre es el amor: amar y ser amado».

A lo que añade C. Singer: «El amor es lo que queda cuando ya no queda nada más. En lo más hondo de nosotros, todos lo recordamos cuando —más allá de nuestros fracasos, de nuestras separaciones, de las palabras a las que sobrevivimos— desde la oscuridad de la noche se eleva, como un canto apenas audible, la seguridad de que, por encima de los desastres de nuestras biografías, más allá incluso de la alegría, de la pena, del nacimiento, de la muerte, existe un espacio que nadie amenaza, que nadie ha amenazado nunca y que no corre ningún peligro de ser destruido: un espacio intacto que es el del amor que ha creado nuestro ser» (es decir, el amor recíproco de nuestros padres y, envolviéndolo, el infinito Amor de Dios).

Y, en cierto modo como resumen, explica Rafael Tomás Caldera: «La verdadera grandeza del hombre, su perfección, por tanto, su misión o cometido, es el amor. Todo lo otro —capacidad profesional, prestigio, riqueza, vida más o menos larga, desarrollo intelectual—

tiene que confluir en el amor o carece en definitiva de sentido»… e incluso, si no se encamina al amor, pudiera resultar perjudicial.

Todo el quehacer educativo de los padres ha de dirigirse, pues, en última instancia, a incrementar la capacidad de amar de cada hijo y a evitar cuanto lo torne más egoísta, más cerrado y pendiente de sí, menos capaz de descubrir, querer, perseguir y realizar el bien de los otros. O, concretando más todavía, el fin al que tiende toda la educación, desde que nuestros hijos son muy pequeños, se resume en ayudarlos a estar más pendientes del bien de los demás que de sí mismos.

Solo así contribuirán eficazmente a hacerlos felices, puesto que la dicha —como muestran desde los filósofos más clásicos hasta los más certeros psiquiatras contemporáneos… y la experiencia sincera de cada uno de nosotros— no es sino el efecto no buscado de engrandecer la propia persona, de mejorar progresivamente: y esto solo se consigue *amando más y mejor*, dilatando las fronteras del propio corazón.

Con otras palabras: pese a cualquier apariencia de lo contrario, la felicidad es directa y exclusivamente proporcional a la capacidad de amar de cada persona, expresada en obras. Por eso:

1. Quien ama mucho, es muy feliz.

2. Quien tiene un amor mediocre, nunca alcanzará una dicha completa.

3. Y quien no sabe o no quiere o no puede amar, por más que triunfe en los restantes aspectos de la existencia humana, será un auténtico desgraciado... aunque a veces pretenda encubrirlo o negarlo: ¡cuántos famosos acaban por reconocer que llevan una vida insufrible!

De ahí que san Juan de la Cruz pudiera sostener la conocida frase: «en el atardecer de nuestra existencia, se nos examinará del amor»... ¡y de nada más!

II. EL AMOR ENCARNADO

Cualquier acción educativa tendrá validez en la exclusiva medida en que el motor de lo que se aconseja hacer o dejar de hacer, de lo que uno hace o no hace, sea un amor auténtico hacia la persona que se pretende formar o, con otras palabras, el bien real de esa persona, que siempre habrá de prevalecer sobre el bien propio.

4. Padres ejemplares... por amor

Los niños tienden a imitar las actitudes de los adultos, en especial de los que quieren o admiran. En concreto, jamás pierden de vista a los padres, los observan de continuo, sobre todo en los primeros años. Ven también cuando no miran y escuchan incluso cuando están (o *parecen* estar) súper-ocupados jugando. Poseen una especie de radar, que intercepta todos los actos y las palabras de su entorno.

> ***Por eso los padres educan o deseducan, ante todo, con su ejemplo.***

Además, el ejemplo posee un insustituible valor pedagógico, de incitación, de confirmación y de ánimo: no hay mejor modo de enseñar a un niño a tirarse al agua que hacerlo con él o antes que él; e igualmente a comer de todo (¡el «no me gusta» debería desterrarse de cualquier familia, comenzando por los padres!), a poner y quitar la mesa, el lavavajillas, a ir al supermercado; a mantener en el hogar un tono de corrección —en el vestir y en el hablar, pongo por caso—, a controlar los enfados y las rabietas, a no volcar su mal humor sobre el primero que encuentre en su camino, a estar más pendiente de sus hermanos que de sí mismo (el test definitivo de la marcha de un hogar no es lo que un hijo esté dispuesto a hacer por sus padres —normalmente, si la familia *funciona*, estarán dispuestos a hacer mucho o todo—, sino lo que uno de los hermanos es capaz de hacer por los restantes… sobre todo cuando la tarea en cuestión "le toca" a otro hermano), etc.

Las palabras vuelan, pero el ejemplo permanece, ilumina las conductas, despierta… y arrastra.

Según recuerda J. S. Mill: «Lo que forma el carácter no es lo que un niño o una niña puede repetir de memoria, sino lo que ellos aprendieron a amar y admirar».

> ***En el extremo opuesto, la incongruencia entre lo que se aconseja y lo que se vive, junto con la falta de amor recíproco —entre el esposo y la esposa—, es el mayor mal que un padre o una madre pueden infligir a sus hijos.***

Cosa que ocurre, sobre todo, a determinadas edades, como la adolescencia, pero también algunos años antes; es decir, cuando el sentido de la «justicia» de los chicos se encuentra *rígidamente* asentado, sobre-desarrollado... y dispuesto a enjuiciar con excesiva dureza a los demás.

Para evitar que esto pudiera suceder, o, dicho en positivo, si queremos ser unos padres *ejemplares*, existe una especie de precepto cuya importancia resulta imposible exagerar. El mejor modo de mantener y fomentar la armonía de un hogar y el crecimiento de los hijos consiste en:

- *Reducir* cuanto sea posible el número de normas por las que se rige su conducta: todas y solo las absolutamente necesarias.

- Que esos criterios *fundamentales* respondan a la verdad y la bondad objetivas, y no a preferencias o caprichos de los cónyuges. Y esto significa que han de ser cumplidos tanto *por los padres* como por los hijos: también, pongo por caso, el uso de la tele, del ordenador y aparatos similares, la visión de determinados programas… o, con los matices imprescindibles, la hora de volver a casa.

- Que en todo lo demás se respete exquisitamente la *libertad* de los chicos —igual que la del cónyuge—, aunque el modo como actúen, siempre que sea éticamente correcto, choque frontalmente con las preferencias del padre o de la madre: *lo* que de veras *importa* es el hijo, no *mis* caprichos de padre o de madre.

5. Amar: animar y recompensar

Como antes apuntaba, solo un amor auténtico y desprendido sabe descubrir la verdadera grandeza y las aptitudes de cada uno de nuestros hijos y, sin necesidad de excesivas palabras, ponerlas ante su vista como el ideal al que han de aspirar.

Por el contrario, cuando ese amor no es lo suficientemente hondo y desinteresado, fácilmente les trasmitiremos la impresión de que valen más bien poco… y les "animaremos", sin advertirlo, a adecuar su comportamiento a esa imagen degradada y empequeñecida.

El niño es muy receptivo. Si se le repite con frecuencia que es un maleducado, un egoísta, un vago que no sirve para nada, se creerá y será verdaderamente maleducado, egoísta e incapaz de realizar tarea alguna… "aunque no fuera —suelo explicar, con una punta de humor y de ironía— sino para no defraudar a sus padres".

Análogamente, si por una excesiva insistencia en sus defectos e ignorancia de lo que realiza bien, damos la impresión de que solo estamos con él para regañarle, seguirá actuando mal, incluso de forma inconsciente, con el único fin de recibir la atención que necesita.

Paradójicamente, los regaños se transforman entonces en refuerzo psicológico para aquellos modos de obrar que pretendemos que el niño evite.

Por lo común, es mejor que el chico tenga un poco de excesiva confianza en sí mismo, que demasiado escasa. Cosa que conseguiremos si logramos hacerle apreciar que nuestro amor es —¡de veras: nunca por táctica!— incondicional, es decir, incondicionado e incondicionable; y que, aunque deseemos que dé lo mejor que sí, en ningún caso le retiraremos nuestro afecto si, por falta de fuerzas, de capacidad o de interés… ¡o por mala voluntad!, no alcanza tales niveles o incluso comete una o mil barbaridades.

En consecuencia, si lo vemos recaer en algún defecto, resultará más eficaz una palabra de ánimo que echárselo en cara y humillarlo.

Mostrar al hijo que confiamos en sus posibilidades —lo que lleva consigo el esfuerzo previo de descubrirlas e incluso, si es el caso, de ponerlas por escrito y repasarlas con frecuencia, como antes apunté, o pedir a nuestro cónyuge que "nos pase revista de ellas" cuando lo vemos todo negro— es para él un gran incentivo; en efecto, el pequeño —como, con matices, cualquier ser humano— se encuentra impulsado a llevar a la práctica la opinión positiva o negativa que de él se tiene y a no defraudar nuestras expectativas al respecto.

Es cierto que los hombres somos los únicos seres que obramos no según lo que somos, sino lo que creemos que somos o, incluso, lo que creemos que creen que somos y, por tanto, lo que (creemos que) esperan de nosotros.

Por eso, según recuerda un eminente pensador francés, la clave de la educación consiste en ver y querer en cada momento a aquel a quien amamos... un poco mejor de lo que en realidad es.

Por idénticos motivos, cuando un hijo hace una observación correcta, incluso opuesta a la que nosotros acabamos de comentar o sugerir, no hay que tener miedo a darle la razón. No se pierde autoridad; más bien al contrario, la ganamos, puesto que no la hacemos residir en *nuestros* puntos de vista, sino en la misma verdad objetiva de lo que se propone… y en la calidad personal que con ese gesto —reconocer que el hijo *tiene más razón* que nosotros— ponemos de manifiesto.

Al animar y elogiar es preferible estar más atentos al esfuerzo hecho que al resultado obtenido. En principio, y en contra de una actitud hoy demasiado frecuente, no se debe recompensar al niño por haber cumplido un deber o por haber tenido éxito en algo, si el conseguirlo no le ha supuesto un empeño muy especial. Un regalo por unas buenas calificaciones es deformante. Las buenas calificaciones, junto con la demostración de nuestra alegría por ese resultado, deberían ser ya un premio que diera suficiente satisfacción al niño.

Tampoco es bueno multiplicar desmesuradamente las gratificaciones.

- Por un lado, porque se le enseña a actuar no por lo que en sí mismo es bueno, sino por la recompensa que él recibe: o, lo que es idéntico, a pensar más en sí mismo (en su recompensa) que en los otros; en definitiva, a anteponer el amor propio desordenado al debido amor hacia los demás, que es donde se cumple la auténtica perfección de cualquier persona.
- Y además, porque cuando tales "premios" vinieran a faltar, el pequeño se sentirá decepcionado: recompensar reiteradamente lo que no lo merece, equivale a transformar en un castigo todas las situaciones en que esa compensación esté ausente.

En resumen: conviene no olvidar una ley básica: educar a alguien *no* es hacer que siempre se encuentre (superficialmente) contento y satisfecho, por tener cubiertos todos sus caprichos o deseos, sino ayudarle a sacar de sí (a e-ducir), con el esfuerzo imprescindible por nuestra parte y la suya, toda esa maravilla que encierra en su interior y que lo encumbrará hasta la plenitud de su condición personal, haciéndolo, como consecuencia, muy dichoso.

6. La autoridad, manifestación de "buen amor"

> *Por lo mismo, para educar no son suficientes el cariño, el buen ejemplo y los ánimos; es preciso también ejercer la autoridad, explicando siempre, en la medida de lo posible —¡y brevemente!—, las razones que nos llevan a aconsejar, imponer, reprobar o prohibir una conducta determinada.*

La educación al margen de la autoridad, en otro tiempo tan pregonada, se presenta hoy como una breve moda fracasada y obsoleta, contradicha por aquellos mismos que la han sufrido.

El niño tiene necesidad de autoridad y la busca y nos la pide, aunque se niegue aparentemente a reconocerlo:

(Cada vez oigo con más frecuencia frases del estilo: «mis padres no me quieren —"pasan" de mí— porque me dejan hacer lo que me da la gana»; y las pronuncian chicos que protestan airadamente —como es su «deber»— cuando se les niega lo que han pedido).

Si no encuentra a su alrededor una señalización y una demarcación, se torna inseguro o nervioso. Incluso cuando juegan entre ellos, los niños inventan siempre reglas que no deben ser transgredidas.

Por lo demás, todos sabemos lo antipáticos, molestos y tiránicos que son los hijos... de los otros, cuando están malcriados, habituados a llamar siempre la atención y a no obedecer cuando no tienen ganas.

Pero tratándose de los propios, es más difícil un juicio lúcido. No se sabe bien si imponerse o abajarse a pactar y dejar hacer, para no correr el riesgo de tener una escena en público…, o acabar la cuestión con una explosión de ira y una regañina, que después deja más incómodos a los padres que al niño.

Pero ¡cuidado!: por detrás de esta inseguridad, hay muy a menudo una extraña mezcla de miedos y prevenciones… y de amor propio. El horror a perder el cariño del chiquillo, el temor a que corra algún riesgo su incolumidad física, el pavor a que nos haga quedar mal o nos provoque daños materiales.

En definitiva, aunque no lo advirtamos ni deseemos, nos queremos más a nosotros mismos que al chico o la chica, anteponemos nuestro bien al suyo. De ahí que, si por encima de tantos temores prevaleciera el deseo sincero y eficaz de ayudar al crío a reconocer los propios impulsos egoístas, la codicia, la pereza, la envidia, la crueldad, etc. (¿no la tienen sus hijos?: los míos y, sobre todo, yo, por supuesto que sí), no existiría esa sensación de culpa cuando se lo corrigiera utilizando el propio ascendiente.

Con base en lo expuesto hasta aquí, y aun cuando no esté de moda, es menester reiterar de modo claro y neto la imposibilidad de educar sin ejercer la autoridad (que no es autoritarismo) y exigir la obediencia desde el mismo momento en que los niños empiezan a entender lo que se les pide.

E igualmente es importante que los padres, explicando siempre los motivos de sus decisiones, indiquen a los niños lo que deben hacer o evitar, no dejando por comodidad caer en el olvido sus órdenes, ni permitiendo que los niños se les opongan abiertamente.

Como consecuencia, según ya advertí, un criterio básico en la educación del hogar es que deben existir *muy pocas normas y muy fundamentales y nunca arbitrarias*, lograr que siempre se cumplan… y dejar una absoluta libertad en todo lo opinable, aun cuando las preferencias de los hijos no coincidan con las nuestras.

Y la razón, que antes no expuse, es que, de nuevo en virtud de su singularidad *personal*, ¡ellos gozan de todo el derecho —o más bien, de la obligación— de llegar a ser aquello a lo que están llamados… y nosotros no tenemos ninguno a convertirlos en una réplica o un apéndice de nuestro propio yo, a hacerlos "a nuestra imagen y semejanza"!

A veces, sin embargo, se prohíbe algo sin saber bien por qué, qué es lo que encierra de malo, solo por impulso, por las ganas de estar tranquilos o de "afirmarnos"… o porque uno se siente nervioso y todo le molesta. Se compromete así la propia autoridad sin necesidad alguna, abusando de ella, y se desconcierta a los muchachos, que no saben por qué hoy está prohibido lo que ayer se veía con buenos ojos.

Cualquier niño sano tiene necesidad de movimiento, de juego inventivo y de libertad. Interviniendo de manera continua e irrazonable se acaba por hacer de la autoridad algo insufrible. Como aquella madre de la que se cuenta que decía a la niñera: «Ve al cuarto de los niños a ver qué están haciendo… y prohíbeselo».

Por otro lado, la convicción del niño de que nunca hará desistir a los padres de las órdenes impartidas posee una extraordinaria eficacia, y, además de simplificar en gran medida nuestra actividad formadora y a no "quemarnos", ayuda enormemente a calmar las rabietas o a que no lleguen a producirse.

Como ya he insinuado, lo más opuesto a esto es repetir veinte veces la misma orden —lávate los dientes, dúchate, vete ya a dormir...— sin exigir, con suavidad y decisión, que se cumpla de inmediato: provoca un enorme desgaste psíquico, tal vez sobre todo a las madres, que suelen pasar mayor parte del día bregando con los críos, al tiempo que disminuye o elimina la propia autoridad.

(Antes de dar una orden o de imponer un castigo, conviene pensar dos veces —al menos— si uno está en condiciones y dispuesto a hacerla cumplir, aunque eso suponga la molestia de levantarse, dejar lo que me ocupaba o distraía, tomar al crío o la cría de la mano y, con idéntica calma y paz que determinación, sin elevar el tono, "hacer que haga" lo que debe hacer).

Y todavía resulta más dañino que lo madre pronuncie el fatídico «¡te he dicho mil veces...!», «tire la toalla» y amenace al chico con lo que va a suceder «cuando venga tu padre».

- Con esa conducta, y sin pretenderlo en absoluto, transmite el mensaje de que ella no goza de capacidad para dirigir ese hogar, puesto que ha repetido en mil ocasiones un mismo mandato sin resultado.

- Y, además, transforma al marido en una suerte de ogro, encargado fundamentalmente de castigar las malas actuaciones de los hijos; lo transforma en un irresponsable, porque no puede o no quiere o no sabe corregir aquella actuación que ni ha presenciado ni a veces es oportuno censurar después de tanto tiempo desde que fue llevada a cabo, ya que difícilmente el muchacho —sobre todo si es muy pequeño— establecerá la relación adecuada entre su mal comportamiento ya casi olvidado u olvidado por completo y el castigo de ahora, que advertirá como algo arbitrario.

Vale asimismo la pena estar atentos al modo como se da una indicación. Quien ordena secamente o alzando sin motivo el volumen de la voz deja siempre traslucir nerviosismo y poca seguridad. Un tono amenazador suscita con razón reacciones negativas y oposiciones.

Demos las órdenes o, mejor, pidamos por favor, con actitud serena y confiando claramente —de veras, no por táctica— en que vamos a ser obedecidos. Reservemos los mandatos estrictos para las cosas muy importantes... ¡y evitemos de raíz los gritos y la pérdida del propio control!

Para la mayoría de las peticiones resultará preferible utilizar una forma más blanda: «¿serías tan amable de...?», «¿podrías, por favor...?», «¿hay alguno que sepa hacer esto?».

De este modo, se estimulará a los críos para que realicen elecciones libres y responsables, y se les dará la ocasión de actuar con autonomía e inventiva, de sentirse útiles y de experimentar la satisfacción de tener contentos a sus padres.

A veces es necesario pedir al hijo un esfuerzo mayor del acostumbrado; convendrá entonces crear un clima favorable.

- Si, por ejemplo, saben que su cónyuge está particularmente cansado o lo atenaza una jaqueca insufrible, hablarán a solas con el niño y le dirán: «Mamá (o papá) tiene un fuerte dolor de cabeza; por eso, esta tarde te pido un empeño especial para hacer el menos ruido posible...»

- Quizá sea oportuno darle una ocupación y dirigirle una mirada cariñosa o una caricia, de vez en cuando, para recompensar sus desvelos, sin olvidar que en este, como en los restantes casos, hay que arreglárselas para que el niño cumpla su obligación.

> ***Firmeza, por tanto, para exigir la conducta adecuada, pero dulzura extrema en el modo de sugerirla o reclamarla o incluso imponerla.***

7. Regañar y castigar, también como prueba de amor

Los ánimos y las recompensas no son normalmente suficientes para una sana educación. Un amable reproche o una sanción serena, dados de la manera oportuna, proporcionada y sin arrepentimientos injustificados —lo cual implica unos momentos de reflexión antes de pasar a la acción—, contribuirá a formar el criterio moral del muchacho.

Sensata e inteligente debe ser la dosificación de las reprimendas y de los castigos, que de vez en cuando, resultan imprescindibles. La política del "dejar hacer" es típica de los padres o débiles o cómplices. También en la educación, la "manga ancha" viene dictada a menudo por el temor de no ser obedecido o por la comodidad («haz lo que quieras, con tal de que me dejes en paz»), que no son sino otros tantos modos de amor propio desordenado: de preferir el propio bien (no esforzarse, no sufrir al demandar la conducta correcta) al de los hijos.

Es decir: de anteponer el amor propio al que debemos al hijo y que nos debe llevar a buscar su bien, aun a costa de nuestro esfuerzo o malestar.

Pero resultaría pedante, o incluso neurótico, un continuo y sofocante control de los chicos, regañados y castigados por la más mínima desviación de unos cánones despóticos establecidos de manera arbitraria y cambiante por los padres.

Para que una reprensión sea educativa ha de resultar clara, sucinta y no humillante. Hay, por tanto, que aprender a regañar de manera correcta, explícita, breve y después cambiar el tema de la conversación.

> En efecto, no se debe exigir que el hijo reconozca de inmediato el propio mal y pronuncie un *mea culpa*, sobre todo si están presentes otras personas. ¿Lo hacemos nosotros, los adultos?; y, en el caso de que así fuere, ¿cuántos años nos ha costado conseguirlo?, ¿qué esfuerzo nos supone todavía?

Convendrá también elegir el lugar y el momento pertinente para reprenderle; a veces será necesario esperar a que haya pasado el propio enfado, para poder hablar con la debida serenidad y con mayor eficacia.

Por otro lado, antes de decidirse a dar un castigo, conviene estar bien seguros de que el niño era consciente de la prohibición o del mandato. Como es lógico, hay que evitar no solo que la sanción sea el desahogo de la propia rabia o malhumor, sino también que tenga esa apariencia. Tratándose de fracasos escolares, conviene saber juzgar si se deben a irresponsabilidad o a limitaciones difícilmente superables del chico o de la chica.

Cuando se reprenda, es preciso, además, huir de las comparaciones: «Mira cómo obedece y estudia tu hermana…». Las confrontaciones solo engendran celos y antipatías.

Tener que castigar puede y debe disgustarnos, pero a veces es el mejor testimonio de amor que cabe ofrecer a un hijo: el amor «todo lo sufre», cabría recordar con san Pablo, incluso el dolor que surge en nosotros al provocar el de los seres queridos, cuando tal sufrimiento resulte necesario.

> ***En tal sentido, cabe sostener que la eficacia de la educación es directamente proporcional a la capacidad de los padres "de sufrir por hacer sufrir al hijo", siempre que ello sea imprescindible.***

Ningún temor, por tanto, a que una corrección justa y bien dada disminuya el amor del hijo respecto a ustedes. A veces se oye responder al muchacho castigado: «¡No me importa en absoluto!». Pueden entonces decirle, con toda la serenidad de que sean capaces: «No es mi propósito molestarte ni hacerte sufrir».

8. Enseñar a amar lo bueno y lo bello

En nuestra sociedad, los niños resultan bombardeados por un conjunto de eslóganes y de frases que transmiten presuntos "ideales", no siempre acordes con una visión adecuada del ser humano, e incapaces por tanto de hacerlos felices. La solución —más a medida que van creciendo— no es un régimen policial, compuesto de controles y de castigos, sino lo que solemos conocer como formar su conciencia.

> ***Es menester que los hijos interioricen y hagan propios los criterios correctos, que formen su conciencia, aprendiendo a distinguir claramente lo bueno de lo malo.***
>
> ***E igualmente, que tengan la fuerza de voluntad y el conjunto de virtudes necesarias para llevar a cabo aquello que estiman que deben hacer, por más que les resulte molesto o costoso.***

Para ninguna de las dos cosas basta con decirles: «Esto no está bien» o, menos todavía, «Esto no *me* gusta». Se corre el riesgo de transformar la moral en un conjunto de *prohibiciones* absurdas, carentes de fundamento. Por el contrario, *es muy importante "educar en positivo"*, como ya sugerí; lo cual equivale, en mi opinión, a *mostrar la belleza y la humanidad de la virtud alegre y serena, desenvuelta y sin inhibiciones.*

Hemos de hacerles ver, ¡y previamente, estar nosotros mismos *convencidos* porque es ya sustancia de nuestro propia existencia, vida de nuestra vida!, de que vivir bien resulta mucho más atractivo y gozoso que obrar incorrectamente, aun cuando una mirada superficial, amplificada en muchos casos por el ambiente, llevara a pensar de entrada lo contrario.

Para lograr todo ello, hay que esforzarse por vivir la propia vida, con todas sus contrariedades, como una entusiasta aventura que vale la pena componer cada día. En tales circunstancias, al descubrir la hermosura y la maravilla de hacer el bien, el niño se sentirá atraído y estimulado para actuar de forma adecuada: para amar y desear lo bueno, y para rechazar lo malo.

En *Le crime ("El crimen") de Sylvestre Bonnard,* Anatole France dejó escrito: «Solamente se instruye deleitando. El arte de enseñar no es sino el arte de despertar la curiosidad de los jóvenes espíritus para satisfacerla inmediatamente; la curiosidad no es viva más que en las almas felices. Los conocimientos que se hacen entrar a la fuerza en las inteligencias la ocluyen y ahogan. Para digerir el saber, es preciso haberlo engullido con apetito».

Además, interesa hacer comprender lo decisiva que es la intención para determinar la moralidad de un acto y ayudar a los hijos a preguntarse el porqué de un determinado comportamiento. A tenor de sus respuestas, se les hará ver la posible injusticia, envidia, soberbia, etc., que ha motivado su acción.

El denominado complejo de culpa, es decir, la obscura y angustiosa sensación de haberse equivocado, acompañada de miedo o de vergüenza, nace justo de la falta de un valiente y sereno examen de la calidad moral de nuestros actos.

- Por el contrario, como muestran también los psiquiatras más avezados, es necesario y sano el sentido del pecado.
- La clara percepción de las propias concesiones y faltas, con las que hemos vuelto las espaldas a Dios, provoca un remordimiento que activa y multiplica las fuerzas para buscar de nuevo el amor que perdona.

Para formar la conciencia puede también ser útil comentar con el niño la bondad o maldad de las situaciones y hechos de los que tenemos noticia, así como sugerirle la práctica del examen de conciencia personal al término del día; si fuera el caso, podemos ayudarle, en los primeros pasos, a hacerse las preguntas adecuadas.

A medida que crece, hay que dejarle tomar con mayor libertad y responsabilidad sus propias decisiones, diciéndole como mucho: «Yo, en tu lugar, lo haría de este o aquel modo» y, en su caso, explicándole brevemente el porqué.

9. Un amor equivocado lleva a malcriar a los niños

Se malcría a un niño con alabanzas desproporcionadas o muy frecuentes, con indulgencia y condescendencia respecto a sus antojos.

Se lo maleduca también convirtiéndolo a menudo en el centro del interés de todos, y dejando que sea él quien determine las decisiones familiares.

- Un pequeño rodeado de excesiva atención y de concesiones inoportunas, una vez fuera del ámbito de la familia se convertirá, si posee un temperamento débil, en una persona tímida e incapaz de desenvolverse por sí misma.

- Si, por el contrario, tiene un temperamento fuerte, se transformará en un egoísta, capaz de servirse y aprovecharse de los otros… o de llevárselos por delante.

Por eso, frente a los caprichos de los niños no se debe ceder: habrá simplemente que esperar a que pase la pataleta, sin nerviosismos, manteniendo una actitud serena, casi de desatención y, al mismo tiempo, firme.

Y esto, incluso —o sobre todo— cuando *nos* pongan en evidencia delante de otras personas.

Nosotros no contamos. Su bien, ¡el de los hijos!, debe ir siempre por delante del nuestro.

Como ya apunté, la atención prioritaria al otro, con olvido de uno mismo, es la regla por excelencia de la educación… y de toda la vida humana.

10. Educar la libertad, por amor y para el amor

En este ámbito, la tarea del educador es doble:

- Hacer que el educando tome conciencia del valor de la propia libertad.
- Y enseñarle a ejercerla correctamente.
- Pero no resulta fácil entender a fondo lo que es la libertad y su estrecha relación con el bien y con el amor.

> *Aunque no sea ahora el momento de fundamentarlo, la libertad se resuelve, en fin de cuentas, en querer el bien del otro en cuanto otro, en amar.*
>
> *Lo libre se entiende a menudo por oposición a lo necesario y exigido o predeterminado: y como los instintos animales obligan a perseguir el propio bien, la libertad se concreta, por oposición, en querer lo que no resulta obligado por nuestros instintos-tendencias: el bien del otro... en cuanto otro.*

¿Quién es auténticamente libre?: el que, una vez conocido, hace el bien *porque quiere hacerlo*, por amor a lo bueno. Al contrario, va perdiendo su libertad quien obra de manera incorrecta... porque, en el fondo, no resulta capaz de hacer lo que «querría» y debería hacer. Un hombre puede quitarse la vida porque es «libre», pero nadie diría que el suicidio lo mejora en cuanto persona o incrementa su libertad.

Educar en la libertad significa, por tanto, ayudar a distinguir lo que es bueno (para los demás y, como consecuencia, para la propia felicidad), y animar a realizar las elecciones consiguientes, *siempre por amor.*

Conceder con prudencia una creciente libertad a los hijos contribuye a tornarlos responsables. Una larga experiencia de educador permitía afirmar a san Josemaría Escrivá: «Es preferible que [los padres] se dejen engañar alguna vez: la confianza, que se pone en los hijos, hace que ellos mismos se avergüencen de haber abusado, y se corrijan; en cambio, si no tienen libertad, si ven que no se confía en ellos, se sentirán movidos a engañar siempre».

En definitiva, igual que antes afirmaba que el objetivo de toda educación es enseñar a amar, puede también decirse —pues en el fondo es lo mismo— que equivale a ir haciendo progresivamente más libres e independientes a quienes tenemos a nuestro cargo: que sepan valerse por sí mismos, ser dueños de sus decisiones, con plena libertad y total responsabilidad.

III. EL AMOR DE LOS AMORES

11. Recurrir a la ayuda de Dios

El breve y sucinto conjunto de sugerencias ofrecidas hasta el momento estaría aún más incompleto si no dejara constancia de este "último" y muy fundamental precepto, que debe acompañar y "arropar" a todos y cada uno de los precedentes (y, desde tal punto de vista, habría que considerarlo el "primero").

Educar procede de *e-ducere, ex-traer, hacer surgir*. El agente principal e insustituible es siempre el propio niño. De una manera todavía más profunda, Dios, en el ámbito natural o por medio de su gracia, interviene en lo más íntimo de la persona de nuestros hijos, haciendo posible su perfeccionamiento.

Sabemos, o deberíamos saber, que ningún hijo es "propiedad" de los padres; se pertenece a sí mismo y, en última instancia, a Dios.

- Por tanto, y como apuntaba, no tenemos ningún derecho a hacerlos a nuestra imagen y semejanza.

- Nuestra tarea consiste en *desaparecer* en beneficio del ser querido, poniéndonos plenamente a su servicio para que pueda alcanzar la plenitud que a cada uno le corresponde: ¡la suya!, única e irrepetible.

Como consecuencia, el padre o la madre, los demás parientes, los maestros y profesores… pueden considerarse colaboradores de Dios en el crecimiento humano y espiritual del chico; pero es este el auténtico protagonista de tal mejora.

A los padres en concreto, en virtud del sacramento del matrimonio, se les ofrece una gracia particular para asumir tan importante tarea.

Por todo lo anterior, es muy conveniente:

- Que, sobre todo en momentos de especial dificultad, pero no solo en ellos, invoquen la ayuda y el consejo de Dios.

- Y, cosa mucho más difícil y costosa, que sepan *abandonarse* en Él cuando parece que sus esfuerzos no dan los resultados deseados o que el chico —en la adolescencia, por ejemplo, una «etapa»…

que puede hoy durar casi hasta los cuarenta o más años— toma caminos que nos hacen sufrir.

Además, no debe olvidarse el gran servicio gratuito del ángel custodio, a quien el propio Dios ha querido encargar el cuidado de nuestros hijos. Y recordar también que la Virgen continúa desde el cielo desplegando su acción materna, de guía y de intercesión.

Enseñarles a tener en cuenta la acción insustituible de Dios puede constituir la herencia más valiosa que, en el conjunto íntegro de la educación, los padres leguen a sus hijos.

NUEVA AYUDA PARA LA REFLEXIÓN PERSONAL

Desde el título mismo y en el contenido de este libro hemos repetido que, en la familia, *lo* que importa, es el amor.

- ¿Te queda clara la correspondencia que existe entre amar y querer? ¿Te serviría de ayuda considerar que tanto el amor como el querer constituyen el acto por excelencia de la voluntad?

- Hay una diferencia abismal entre "recetas" y principios educativos. ¿Comprendes cuáles son esas diferencias y de cuál es su relación con la singularidad de cada persona y de cada familia?

- Por desgracia, cada vez está más presente el abandonismo de los padres, que no se ocupan de sus hijos. Se trata de algo trágico, por lo que implica para la educación y la felicidad de los hijos. En ese sentido, hoy se dice que los padres tenemos miedo a mandar. ¿Estás de acuerdo? De ser así, ¿a qué lo atribuyes?; ¿cuáles podrían ser las consecuencias de esta actitud?

- En la actualidad, regañar y castigar son palabras con muy "mala prensa". ¿Podrías explicar por qué estas acciones (regañar y corregir) son herramientas imprescindibles de los padres para empujar el itinerario formativo de los hijos?

- Parece claro que, para educar, no es suficiente la "buena intención", pues aun contando con ella, podemos malcriar a los hijos, lo que resulta un contrasentido. ¿Has afianzado suficientemente la idea de que amar y, por tanto, educar consiste en ayudar a los hijos a descubrir el bien, para que terminen por abrazarlo voluntaria y libremente?

Si todavía te quedan dudas, no te preocupes. Es muy probable que volvamos a encontrarnos en algún nuevo escrito. Pero te agradeceríamos *mucho, mucho* que nos hicieras llegar tus comentarios, para saber mejor cómo orientar las futuras publicaciones.

¡Y mil gracias por habernos "aguantado" hasta aquí!

Tomás Melendo (tmelendo@uma.es)
Ernesto Parga (jparga@finsa.net)